PDV. 14

Die Pistolen 7,65 mm der Polizei.

Gültig ab 1. 4. 1938.

Berlin 1938.

Druck und Verlag Franz Dietzler, Berlin N 20, Prinzenallee 84.

Der Reichsführer SS
und Chef der Deutschen Polizei
im Reichsministerium des Innern

O.-Kdo. T (3) 302 Nr. 24/37.

Berlin NW 7, 21. Okt. 1937
Unter den Linden 70-74.

Ich genehmige die Vorschrift:

„Die Pistolen 7,65 mm der Polizei".

gez. Daluege.

Inhaltsverzeichnis.

                                              Seite

I. Allgemeines.   7

A. Die Pistole Sauer & Sohn (S. & S.).   8
    Hauptteile 8
    Lauf 9
    Verschluß 9
    Visiereinrichtung 10
    Griffstück mit Griffschalen 11
    Abzugsvorrichtung 11
    Sicherung 12
    Mehrladeeinrichtung 12
    Zubehör 12

Zusammenwirken der Teile:
Pistole schußfertig 12
Zurückziehen des Abzuges 13
Vorgang bei und nach dem Schuß 13
    Oeffnen des Verschlusses 13
    Selbsttätiges Schließen des Verschlusses . 13
Freigeben des Abzuges 14
Vorgang beim Sichern 14

Handhabung:
Füllen des Magazins 14
Laden 14
Sichern und Entsichern 15
Entladen 15
Entleeren des Magazins 15

	Seite
Auseinandernehmen und Zusammensetzen:	
Auseinandernehmen	15
Zusammensetzen	16
Wichtige Zahlenangaben	17
Ballistische Angaben	17
Einzelteile und Bilder	18—21

B. Die Pistole Sauer & Sohn, Behördenmodell.

Sichern und Entsichern	23
Auseinandernehmen und Zusammensetzen:	
Auseinandernehmen	23
Zusammensetzen	24
Wichtige Zahlenangaben	24
Ballistische Angaben	25
Einzelteile und Bilder	26—29

C. Die Walther Polizeipistolen (PP. u. PPK.).

Die Hauptteile	30
Lauf	31
Verschluß	31
Visiereinrichtung	32
Griffstück mit Griffschalen	32
Abzugsvorrichtung	32
Sicherung	32
Mehrladeeinrichtung	33
Zusammenwirken der Teile:	
Schußfertigmachen bei entsicherter Pistole	33
Schußfertigmachen in gesichertem Zustand	33
Sichern und Entsichern	34
Auseinandernehmen und Zusammensetzen:	
Auseinandernehmen	34
Zusammensetzen	34
Wichtige Zahlenangaben	38
Ballistische Angaben	38
Einzelteile und Bilder	35—37

D. Die Mauser-Pistole.   Seite

   Hauptteile 39
   Lauf 40
   Verschluß 40
   Visiereinrichtung 41
   Griffstück mit Griffschale 41
   Abzugsvorrichtung 41
   Sicherung 41
   Mehrladeeinrichtung 41
   Vorgang bei und nach dem Schuß 42
   Sichern und Entsichern 43
   Auseinandernehmen und Zusammensetzen:
      Auseinandernehmen 43
      Zusammensetzen 44
   Wichtige Zahlenangaben 44
   Ballistische Angaben 44
   Einzelteile und Bilder . . . . 45—47

E. Die Dreyse-Pistole.

   Zerlegen und Zusammensetzen . . . . 48—50
   Einzelteile und Bilder . . . . 50—52
   Zusammenwirken der Verschluß- und Schloßteile
      beim Schuß 53
   Wichtige Zahlenangaben 54
   Ballistische Angaben 54

F. Pflege und Aufbewahrung.

   Reinigung 55

G. Zubehör.   56

H. Die Munition 7,65 mm.

   Die scharfe Patrone 56
   Die Exerzierpatrone 57

Vorbemerkung.

In dieser Vorschrift sind nur diejenigen Pistolen=Arten 7,65 mm eingehend behandelt, die vorwiegend bei der Polizei eingeführt sind.

Die Behandlung und Handhabung aller übrigen noch im Gebrauch befindlichen Pistolenmodelle 7,65 mm hat **sinngemäß** zu erfolgen. Diese Waffen, sowie die in dieser Vorschrift beschriebenen Dreyse=Pistolen werden aufgebraucht, weil sie nicht mehr angefertigt werden und auch die Beschaffung von Ersatzteilen auf Schwierigkeiten stößt.

Die Begriffe „rechts, links, vorn, hinten, oben, unten" beziehen sich auf die Lage der Waffe in der Schußrichtung.

Die Pistolen 7,65 mm.

Sauer & Sohn, (S. & S.).
Sauer & Sohn, Behördenmodell, (S. & S. BM.).
Walther Polizei=Pistole, (W.PP.).
Mauser, (M.).
Dreyse, (Dr.).

I. Allgemeines.

Sämtliche bei der Polizei eingeführten Pistolen 7,65 mm sind Selbstladepistolen.

Die voraufgeführten Pistolenarten, ferner der größte Teil der übrigen bei der Polizei vorhandenen Modelle, gehören zur Gruppe der Rückstoßlader mit Federverschluß ohne starre Verriegelung. — Die Kraft des Rückstoßes wird dazu ausgenützt, den Verschluß zu öffnen, die abgeschossene Patronenhülse auszuwerfen und die Schließfeder (Vorholfeder) zu spannen. — Durch die gespannte Schließfeder wird der Verschluß wieder geschlossen, dabei eine neue Patrone aus dem Magazin in den Lauf eingeführt und die Schlagbolzenfeder gespannt.

A. Die Pistole Sauer & Sohn (S. & S.).

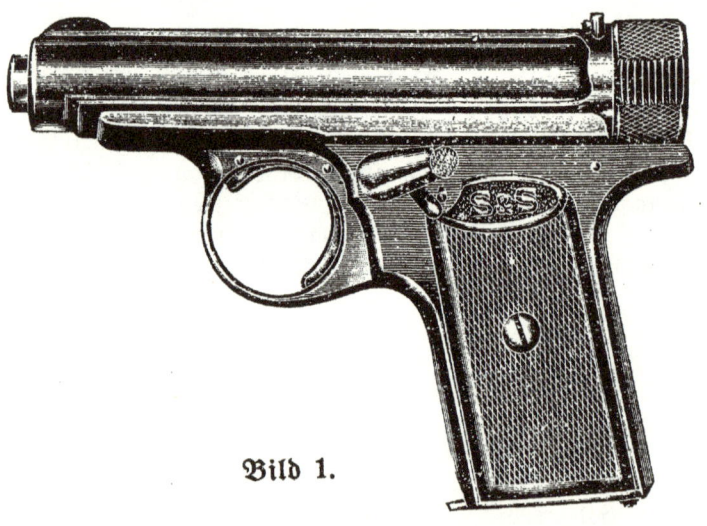

Bild 1.

(1) Die Hauptteile der Pistole sind:

    Lauf,
    Verschluß,
    Visiereinrichtung,
    Griffstück mit Griffschalen,
    Abzugsvorrichtung,
    Sicherung,
    Mehrladeeinrichtung.

Die Teile sind, mit Ausnahme der Griffschalen, aus Stahl; die Griffschalen sind aus Hartgummi. Die dem Einfluß der Witterung ausgesetzten Teile sind zum Schutze gegen Rost gebräunt.

Lauf.

(2) Der **Lauf** ist in das mantelartige Lauflager, das mit dem Griffstück aus einem Stück gearbeitet ist, eingeschraubt. Am Laufmundstück ist er oben durch 2 Lappen verlängert.

Im Lauf wird die Patrone entzündet und dem Geschoß Bewegung, Richtung und Drehung verliehen.

Die Bohrung des Laufes — **Seele** — besteht aus dem **gezogenen** Teil und dem **Patronenlager**.

Der gezogene Teil hat **6 Züge**, die sich von rechts um die Seelenachse winden (Rechtsdrall). Die zwischen den Zügen stehengebliebenen Teile heißen Felder.

Das Kaliber beträgt 7,65 mm. Unter Kaliber versteht man den Durchmesser der Seele von Feld zu Feld gemessen.

Verschluß.

(3) Der **Verschluß** verschließt den Lauf und bewirkt die Zuführung und Entzündung der Patrone, sowie das Ausziehen und Auswerfen der abgeschossenen Patronenhülse.

Teile:

Verschlußhülse,
Verschlußmutter,
Verschlußzylinder,
Schließfeder.

(4) Die **Verschlußhülse** ist über den Lauf und das Lauflager geschoben. Vorne ist die Bohrung auf Laufstärke verringert; der dadurch entstandene ringförmige Ansatz dient als Widerlager für die Schließfeder.

Unten hat die Verschlußhülse eine Rast für den Haltehebel und einen Ausschnitt für die Führung am Griffstück, rechts einen Durchbruch für den Hülsenauswurf.

Hinten befindet sich an der Hülse das Gewinde für die Verschlußmutter.

(5) Die **Verschlußmutter** dient zum Abschluß der Hülse. Sie wird auf die Hülse aufgeschraubt. An der Verschluß=

mutter befindet sich eine Rast für die Haltezunge des Visierhebels und eine Ausfräsung für die Abdruckstange.

Mit der Verschlußmutter ist der Schlagfederstift fest verbunden.

(6) Der **Verschlußzylinder** lagert in der **Verschlußhülse**. Mit einem Bund am rückwärtigen Ende legt er sich gegen die Verschlußhülse. Oben und unten sind Führungsleisten eingefräst.

Die obere Führungsleiste wird in den Lappen des Laufes, die untere, die außerdem noch für den Ansatz des Schlagbolzens durchbrochen ist, im Führungsstöckchen geführt.

Rechts seitlich ist in eine Ausfräsung des Verschlußzylinders der Auszieher eingelagert.

(7) In der Bohrung des Verschlußzylinders gleitet der **Schlagbolzen**. Der Schlagbolzen entzündet die Patrone. Er ist ein Hohlzylinder, der vorne in eine Spitze ausläuft. Hinten befindet sich der Schlagbolzenansatz, der in dem Durchbruch des Verschlußzylinders geführt wird.

In der Bohrung des Schlagbolzens ist die **Schlagfeder** gelagert, die hinten auf den Schlagfederstift der Verschlußmutter aufgeschoben ist.

Die Schlagfeder treibt den Schlagbolzen gegen das Zündhütchen der Patrone vor.

(9) Die **Schließfeder**, eine starke Spiralfeder, ist über den Lauf in das Lauflager geschoben. Vorne legt sie sich gegen den ringförmigen Absatz in der Verschlußhülse.

Die Schließfeder schnellt den durch den Schuß zurückgetriebenen Verschluß in die Feuerstellung vor.

Visiereinrichtung.

(10) Die Visiereinrichtung besteht aus **Korn** und **Visier**. Korn und Visier sind oben in der Verschlußhülse eingesetzt; sie werden durch Stifte gehalten.

Der federnde Visierhebel mit Visier (aus einem Stück) bewirkt mit seiner Haltezunge die Verriegelung der vollständig aufgeschraubten Verschlußmutter, so daß ein selbsttätiges Drehen derselben unmöglich ist.

Griffstück mit Griffschalen.

(11) Das **Griffstück** verbindet alle Teile zu einem Ganzen und ermöglicht so die Handhabung der Pistole.

Im vorderen Teil ist das Lauflager und im Bügel der Abzug mit Haltehebel angebracht. Der hintere Teil bildet mit den beiden **Griffschalen** den Griff. Er enthält die Mehrladeeinrichtung, die Sicherung, die Abdruckstange und das Führungsstöckchen.

Die beiden Griffschalen aus Hartgummi werden durch die Griffschalenhalter mit Schrauben im Griffstück gehalten.

Abzugsvorrichtung.

(12) Die **Abzugsvorrichtung** dient zum Abziehen der Pistole.

Teile:

> **Abzug,**
> **Abdruckstange,**
> **Feder für Abdruckstange und Magazinhaltehebel,**
> **Haltehebel für die Verschlußhülse.**

(13) Der **Abzug** mit eingesetztem Haltehebel wird durch einen Stift im Abzugsbügel gehalten.

(14) Die **Abdruckstange** hält beim Schließen des Verschlusses den Schlagbolzen zurück.

(15) Der **Haltehebel** dient zum Festhalten der zurückgezogenen Verschlußhülse beim Zerlegen der Pistole.

(16) Der Abzug tritt bei gespannter Pistole weit aus dem Griffstück heraus und in den Abzugsbügelraum hinein, während er bei entspannter Pistole im Griffstück annähernd verschwindet. Durch die Stellung des Abzuges kann man daher erkennen, ob die Pistole gespannt ist oder nicht.

Sicherung.

(17) Die **Sicherung** besteht aus dem Sicherungshebel mit Knopf und Welle und der Zusatzsicherung.

Mehrladeeinrichtung.

(18) Teile:
Magazin,
Magazinhaltehebel,
Feder für Abdruckstange und Magazinhaltehebel.

(19) Das Magazin faßt 7 Patronen. Es besteht aus dem **Gehäuse** mit Boden, der **Zubringerfeder**, der **Zubringerplatte.**

(20) Die Zubringerplatte schiebt durch den Druck der Zubringerfeder die Patrone in die Patroneneinlage.

Der Boden dient als Lager für die Zubringerfeder und zur Handhabung des Magazins.

(21) Der **Magazinhebel** hält durch den Druck der Feder für **Abdruckstange** und **Magazinhaltehebel** mit seiner Nase das Magazin in einem Durchbruch fest.

Zubehör.

(22) Zu einer Pistole gehört:
1 **Reserve-Magazin,**
1 **Tasche,**
1 **Wischstock.**

Die Tasche (aus Leder) nimmt die Pistole und das Reserve-Magazin auf.

Zusammenwirken der Teile.

(23) **Pistole schußfertig.**

Der Verschluß ist geschlossen, eine Patrone im Lauf, die Auszieherkralle hat den Rand der Patrone erfaßt, die Schlagfeder ist gespannt, der Ansatz am Schlagbolzen lagert gegen die Abdruckstange und drückt diese nach aufwärts und den Abzug nach vorne (Feuerstellung).

(24) **Zurückziehen des Abzuges.**

Durch Zurückziehen des Abzuges wird die Abdruckstange nach rückwärts-abwärts geschoben, die Schlagfeder noch etwas mehr gespannt; die Abdruckstange gibt dann bei der weiteren Rückwärts-Abwärts-Bewegung mit ihrem hinteren Ende den Schlagbolzen frei, das vordere Ende der Abdruckstange springt gleichzeitig aus der Rast des Abzuges nach aufwärts. Der Schlagbolzen wird durch die vollständig zusammengedrückte Schlagfeder nach vorwärts geschnellt, trifft auf das Zündhütchen und entzündet die Patrone.

(25) **Vorgang bei und nach dem Schuß.**

a) Oeffnen des Verschlusses.

Durch die Pulvergase wird das Geschoß aus dem Lauf getrieben und der Rückgang des Verschlusses mit der abgeschossenen Patronenhülse bewirkt.

Bei der Rückwärtsbewegung gleitet der Schlagbolzen über die Abdruckstange; die Patronenhülse, durch den Auszieher gehalten, stößt mit ihrem Boden gegen eine Leiste des Führungsstöckchens (Auswerfer) und wird nach rechts durch das Fenster (Durchbruch) ausgeworfen. Die Rückwärtsbewegung wird durch den Widerstand der zusammengedrückten Schließfeder und durch das Auftreffen der Verschlußhülse im Lauflager begrenzt.

b) Selbsttätiges Schließen des Verschlusses.

Die beim Rücklauf gespannte Schließfeder schnellt die Verschlußhülse mit Verschlußzylinder wieder in die Feuerstellung vor. Die Vorwärtsbewegung wird durch das Auftreffen des Verschlußzylinders auf den Lauf begrenzt.

Bei diesem Vorschnellen hat die Stirnfläche des Verschlußzylinders die aus dem Magazin nach oben getretene nächste Patrone in den Lauf geschoben, der Schlagbolzen ist mit seinem Ansatz an der Abdruckstange hängen geblieben, die Schlagfeder wurde gespannt.

(26) **Freigeben des Abzuges.**

Beim Nachlassen des Abzuges wird infolge des Druckes der Schlagfeder auf den Schlagbolzen und somit auf das hintere Ende der Abdruckstange, das vordere Ende, das beim Abgang des Schusses aus der Rast des Abzuges trat, unter deutlich hörbarem Knacks in Eingriff gebracht. Der Abzug geht nach vorn. Ein erneutes Abziehen ist jetzt erst möglich.

(27) **Vorgang beim Sichern.**

Durch Abwärtsdrücken des Knopfes (Buchstabe S wird sichtbar) legt sich die Nase der Sicherungswelle gegen den oberen Ansatz des Abzuges und stellt den Abzug fest. Gleichzeitig wird (durch das Abwärtsdrücken des Knopfes) die Zusatzsicherung (eine Feder) mit ihrer Nase in eine Ausfräsung der Abdruckstange gedrückt und verhindert dadurch eine selbsttätige Bewegung der Abdruckstange.

Handhabung.

(28) **Füllen des Magazins.**

Das Magazin wird aus dem Griffstück heraus in die linke Hand genommen, Spitze rechts. Sodann wird das Magazin mit der rechten Hand mit 7 Patronen gefüllt. Hierbei wird durch Herunterdrücken der Zubringerplatte mit der horizontal aufgesetzten ersten Patrone ein Einschieben der weiteren Patronen von rechts nach links ein ständiger Druck auf die darunterliegenden Patronen ausgeübt.

(29) **Laden.**

Die rechte Hand umfaßt den Griff der Pistole, Zeigefinger ausgestreckt längs des Abzugsbügels; die Pistole wird halbrechts geneigt, **Mündung nach vorwärts=abwärts**, ungefähr in Hüfthöhe gehalten.

Die linke Hand schiebt das Magazin in den Griff, bis der Magazinhaltehebel hörbar in die Magazinrast einspringt, zieht dann die Verschlußhülse an der gereifelten Verschlußmutter so weit zurück, bis diese Bewegung eine

Begrenzung erfährt. Läßt man die zurückgezogenen Teile unter dem Federdruck dann wieder nach vorn gleiten, so wird die erste Patrone aus dem Magazin in den Lauf eingeführt und die Waffe ist damit schußfertig.

(30) **Sichern und Entsichern.**

Der Daumen der rechten Hand drückt beim Sichern den Sicherungsknopf abwärts, bis der Buchstabe „S" sichtbar wird bezw. beim Entsichern aufwärts bis der Buchstabe „S" unsichtbar wird.

Es kann nur bei gespannter Pistole gesichert werden. **Wird eine geladene Pistole aus der Hand gegeben oder eingesteckt, so muß sie gesichert werden;** zu übergeben ist sie mit den Worten: „Geladen und gesichert".

(31) **Entladen.**

Zuerst ist zu sichern.

Der Daumen der linken Hand drückt den Magazinhaltehebel von vorne nach hinten; das Magazin wird an dem vorstehenden Boden aus dem Griffstück gezogen, der Verschluß wird geöffnet und die aus dem Lauf gezogene Patrone aus dem Griffstück geschüttelt, die Pistole wird entsichert und abgespannt.

(32) **Entleeren des Magazins.**

Das geladene Magazin wird so in die Hand genommen, daß die Oeffnung nach oben, die Geschoßspitze nach vorn zeigt; der Daumen schiebt die Patrone nach vorwärts heraus in die andere Hand.

Auseinandernehmen und Zusammensetzen.

(33) **Auseinandernehmen.**

Die Pistole ist stets nur so weit als notwendig auseinanderzunehmen.

Das Magazin wird herausgenommen und eine etwa im Lauf befindliche Patrone entfernt. Pistole in der rechten Hand, die linke zieht die Verschlußhülse an der Verschlußmutter so weit als möglich zurück. Gleichzeitig drückt der Zeigefinger der Rechten den in den Abzugs= bügelraum der Pistole hineinragenden Haltehebel in die Bahn der Verschlußhülse von unten nach oben, der Halte= hebel tritt dann in die Rast der Verschlußhülse ein. Die Verschlußhülse wird an dem Punkt ihrer größten Rückwärts= bewegung festgehalten.

Hierauf wird die Pistole, Mündung seitwärts abwärts, so in die linke Hand genommen, daß der Daumen auf den Visierhebel drückt. Gleichzeitig schraubt die rechte Hand die Verschlußmutter nach links ab.

Verschlußzylinder und Schlagbolzen lassen sich dann ohne weiteres entfernen.

Sodann wird das Griffstück in der rechten Hand, die Ver= schlußhülse an der Kornseite mit der linken Hand festgehal= ten, leicht zurückgeschoben, daß der Haltehebel in den Ab= zugsbügel zurückfallen kann, und die Verschlußhülse gegen den Druck der Schließfeder nach vorwärts abgenommen. Die Schließfeder kann nun abgezogen werden.

(34) **Zusammensetzen.**

Das Zusammensetzen geschieht in umgekehrter Reihen= folge wie das Auseinandernehmen.

Die Schließfeder wird auf den Lauf geschoben, die Ver= schlußhülse über Lauf und Schließfeder.

Sodann wird die Verschlußhülse mit der Linken bis zu ihrer hintersten Stellung zurückgeschoben, während gleich= zeitig der Zeigefinger der Rechten den Haltehebel nach oben drückt, bis sich Haltehebel und Verschlußhülse gegenseitig fangen.

Hierauf wird der Verschlußzylinder mit Schlagbolzen bis an den Bund in die Hülse geschoben und die Verschluß= mutter mit der über den Schlagfederstift gestreiften Schlag= feder soweit auf die Verschlußhülse nach rechts aufgeschraubt, bis die Verschlußmutter an der Verschlußhülse fest anliegt und der Visierhebel hörbar in die Rast der Mutter eintritt. Beim Aufschrauben kann entweder ständig auf den Visier=

hebel gedrückt, oder zuerst die Verschlußmutter vollständig aufgeschraubt werden; in letzterem Falle schraube man die Mutter um ½ Umdrehung wieder zurück, so daß die Ausfräsung in der Mutter mit Visierhebel zusammenfällt, drücke den Visierhebel nach unten und schraube die Mutter auf, bis die Haltezunge des Visierhebels in die Rast der Mutter einschnappt.

Nun wird die Verschlußhülse leicht zurückgezogen, bis der Haltehebel wieder nach unten fallen kann; dann läßt man die Verschlußhülse nach vorwärts gleiten.

Jetzt erfolgt das Abspannen der Pistole durch Zurückziehen des Abzuges.

(35) **Wichtige Zahlenangaben.**

Kaliber 7,65 mm,
Lauflänge 78 mm,
Zahl der Züge 6,
Drall 360 mm,
Länge der Pistole 144 mm,
Gewicht der entladenen Pistole 530 g,
Gewicht der geladenen Pistole 585 g,
Gewicht des leeren Magazins 34 g.

(36) **Ballistische Angaben.**

Mündungsgeschwindigkeit 270 m/sec,
Streuung auf 20 m: Höhe 95 mm, Breite 80 mm,
Streuung auf 30 m: Höhe 135 mm, Breite 125 mm,
Streuung auf 40 m: Höhe 180 mm, Breite 170 mm,
Mündungsenergie: etwa 20 mkg (bei Pist. 08 vergleichsweise 41,7 mkg).

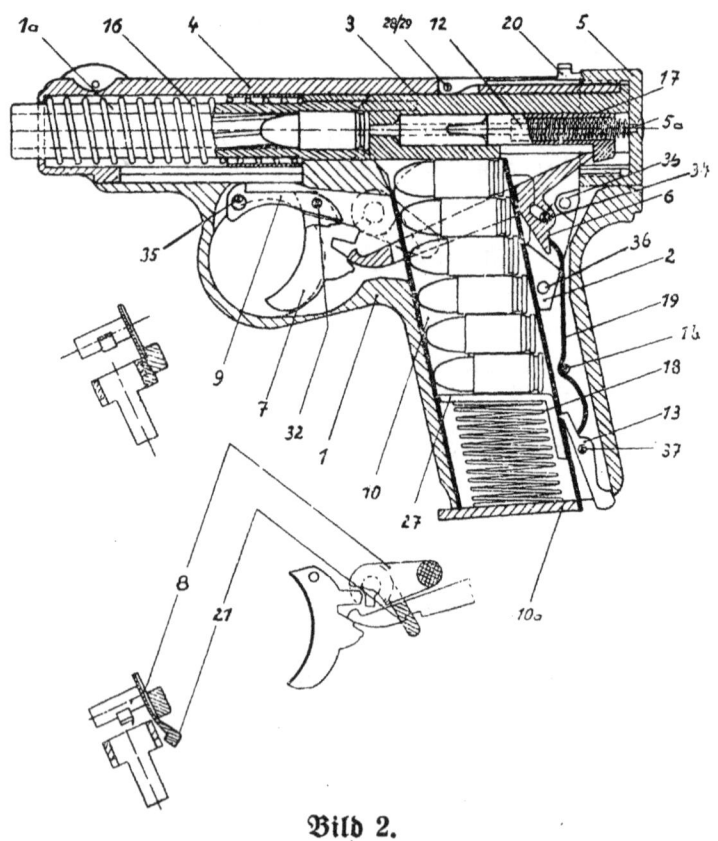

Bild 2.

Einzelteile zur S. & S.
(soweit in Bild 2 sichtbar).

1 Griffstück mit eingeschraubtem Lauf (1a) und eingenietetem Haltestift für die Abdruckstangenfeder (1b)
2 Führungsstöckchen
3 Verschlußzylinder
4 Verschlußhülse mit Korn und Kornstift
5 Verschlußmutter mit Schlagfederstift (5a)
6 Abdruckstange
7 Abzug
8 Sicherungshebel für die Abzugssicherung
9 Haltehebel für die Verschlußhülse
10 Magazin mit Magazinboden (10a) und zwei Stiften
12 Schlagbolzen
13 Magazinhaltehebel
16 Schließfeder
17 Schlagfeder
18 Zubringerfeder
19 Feder für Abdruckstange und Magazinhebel
20 Visierhebel
21 Zusatzsicherung
27 Zubringerplatte
28⎫
29⎭ Achsstift für den Visierhebel
32 Abzugs=Achsstift
34 Abdruckstangen=Achsstift
35 Stift für den Verschlußhülsen=Haltehebel
36 Führungsstöckchen=Haltestifte (ein Paar)
37 Achsstift für den Magazinhaltehebel

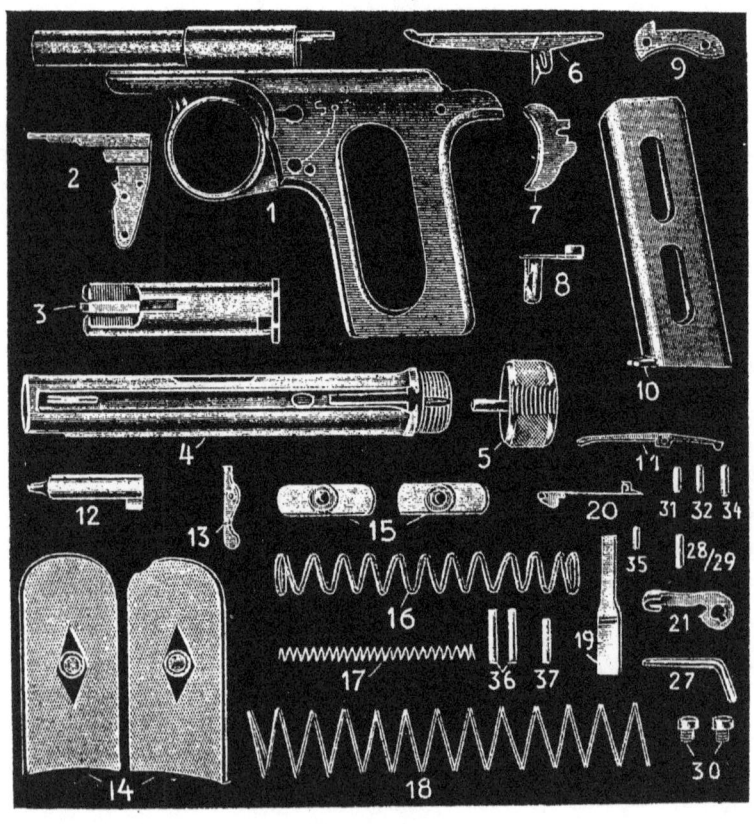

Bild 3.

Sämtl. Einzelteile zur S. & S.

1 Griffstück mit eingeschraubtem Lauf und eingenietetem Haltestift für die Abdruckstangenfeder
2 Führungsstöckchen
3 Verschlußzylinder
4 Verschlußhülse mit Korn und Kornstift
5 Verschlußmutter mit Schlagfederstift (5 a)
6 Abdruckstange
7 Abzug
8 Sicherungshebel für die Abzugssicherung
9 Haltehebel für die Verschlußhülse
10 Magazin mit Magazinboden und zwei Stiften
11 Auszieher
12 Schlagbolzen
13 Magazinhaltehebel
14 Griffschalen (Paar)
15 Griffschalenhalter (ein Paar)
16 Schließfeder
17 Schlagfeder
18 Zubringerfeder
19 Feder für Abdruckstange und Magazinhebel
20 Visierhebel
21 Zusatzsicherung
27 Zubringerplatte
28⎫
29⎭ Achsstift für den Visierhebel
30 Schalenhalter-Schrauben (ein Paar)
31 Auszieher-Haltestift
32 Abzugs-Achsstift
34 Abdruckstangen-Achsstift
35 Stift für den Verschlußhülsen-Haltehebel
36 Führungsstöckchen-Haltestifte (ein Paar)
37 Achsstift für den Magazinhaltehebel

B. Die Pistole Sauer & Sohn, Behördenmodell (S. & S. BM).

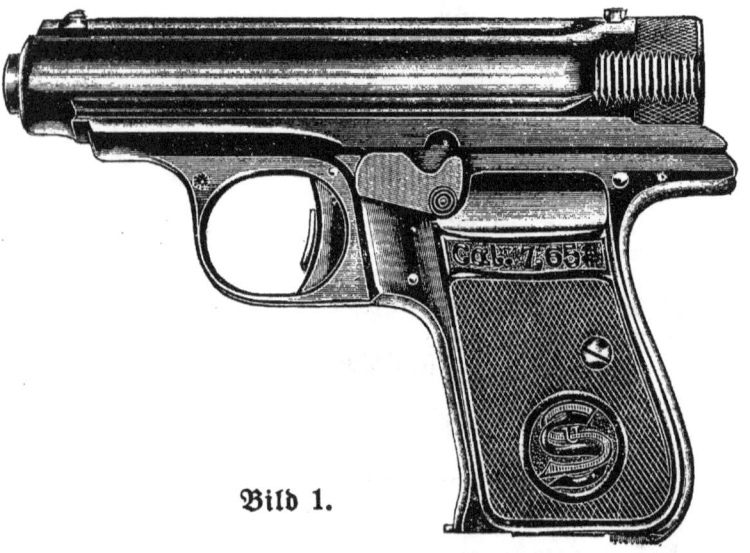

Bild 1.

(1) Der Abschnitt A gilt sinngemäß auch für die Pistolen S. & S. BM. mit **folgenden Ausnahmen:**

Der Haltehebel am Abzug fällt fort. Seine Tätigkeit beim Zerlegen und Zusammensetzen übernimmt der Sicherungshebel.

Als besondere automatische Sicherung des Abzuges treten hinzu: der Sicherungsauslösehebel mit Spreizfeder und der Stützhebel. Der Sicherungsauslösehebel ist als gefederte Zunge in den Abzug eingebaut. Diese automatische Sicherung verhindert ein unbeabsichtigtes Lösen eines Schusses durch Fall oder Stoß bei nichtgesicherter Pistole.

Eine weitere Sicherung ist durch den Magazinsicherungswinkel geschaffen. Er sperrt nach Herausnahme des Magazins den Abzug und verhindert dadurch ein Abfeuern der etwa im Lauf verbliebenen Patrone.

In der Verschlußmutter befindet sich ein Signalstift, der bei geladener und gespannter Pistole aus der Verschlußmutter hervortritt.

Die Griffschalenhalter fallen fort. Die Griffschalen werden durch die Griffschalenschrauben unmittelbar gehalten.

(2) **Sichern und Entsichern.**

Der Daumen der rechten Hand drückt beim Sichern den Sicherungshebel an dem gerillten Kopf von unten nach **oben**, bis er in der Ausrundung an der oberen Längsseite des Pistolengehäuses anliegt. Beim Entsichern wird der Sicherungshebel soweit von oben nach **unten** gedrückt, bis der Buchstabe „S" durch den Sicherungshebel verdeckt wird.

Es kann bei **gespannter** und bei **entspannter** Pistole gesichert werden.

Auseinandernehmen und Zusammensetzen.

(3) **Auseinandernehmen.**

Die Pistole ist jedesmal nur soweit als notwendig auseinanderzunehmen.

Man nimmt die Pistole in die rechte Hand, die Laufmündung nach links zeigend und **drückt,** während man die Verschlußhülse an der Verschlußmutter zurückzieht, den Sicherungshebel von unten nach oben, bis die Nase desselben in die Rast der Verschlußhülse eintritt. Die Verschlußhülse wird dann in zurückgezogenem Zustand festgehalten.

Hierauf drückt man, die Pistole in der linken Hand haltend, mit den Daumen den Visierhebel in die Verschlußhülse hinein und schraubt gleichzeitig die Verschlußmutter ab. Verschlußzylinder mit Schlagbolzen lassen sich dann entfernen.

Nun schiebt man, die Pistole in der Rechten und die Verschlußhülse in der Linken haltend, die Verschlußhülse etwas zurück. Hierbei wird der Sicherungshebel wieder aus seiner Verbindung mit der Verschlußhülse gelöst und letztere gegen den Druck der Schließfeder abgenommen. Hierauf kann die Schließfeder mit Schließfederhülse abgezogen werden.

(4) **Zusammensetzen.**

Das Zusammensetzen geschieht in umgekehrter Reihenfolge wie das Auseinandernehmen.

Die Schließfederhülse wird mit der engeren Bohrung zuerst, zusammen mit der Schließfeder, über den Lauf und die Verschlußhülse über Schließfeder und Lauf geschoben. Hierauf wird die Verschlußhülse zurückgeschoben, bis der mit dem Daumen der rechten Hand nach oben gedrückte Sicherungshebel in die Halterast der Verschlußhülse eintritt.

Sodann wird der Verschlußzylinder mit dem Schlagbolzen bis an den Bund in die Verschlußhülse hineingeschoben, die Schlagfeder über den Schlagfederstift der Verschlußmutter gestreift und die Verschlußmutter so weit auf die Verschlußhülse geschraubt, bis sie fest anliegt. Die Verschlußmutter wird nun um eine halbe Umdrehung zurückgeschraubt, so daß der Ausschnitt der Mutter mit dem Visierhebel zusammenfällt. Alsdann wird der Visierhebel nach unten gedrückt und die Verschlußmutter wieder angeschraubt.

Die Verschlußhülse wird nun etwas zurückgezogen, damit der Sicherungshebel aus der Halterast tritt und die Verschlußhülse vorgleiten kann.

Die Pistole ist jetzt zusammengesetzt.

(5) **Wichtige Zahlenangaben.**

Kaliber 7,65 mm,
Lauflänge 76 mm,
Zahl der Züge 6,
Drall 360 mm,
Länge der Pistole 145 mm,
Gewicht der entladenen Pistole 600—620 g,
Gewicht der geladenen Pistole 650—670 g,

(6) **Ballistische Angaben.**

Mündungsgeschwindigkeit 270 m/sec,
Streuung auf 15 m: Höhe 55 mm, Breite 40 mm,
Streuung auf 25 m: Höhe 85 mm, Breite 75 mm,
Streuung auf 35 m: Höhe 140 mm, Breite 135 mm,
Mündungsenergie: etwa 20 mkg (bei Pist. 08 vergleichsweise 41.7 mkg).

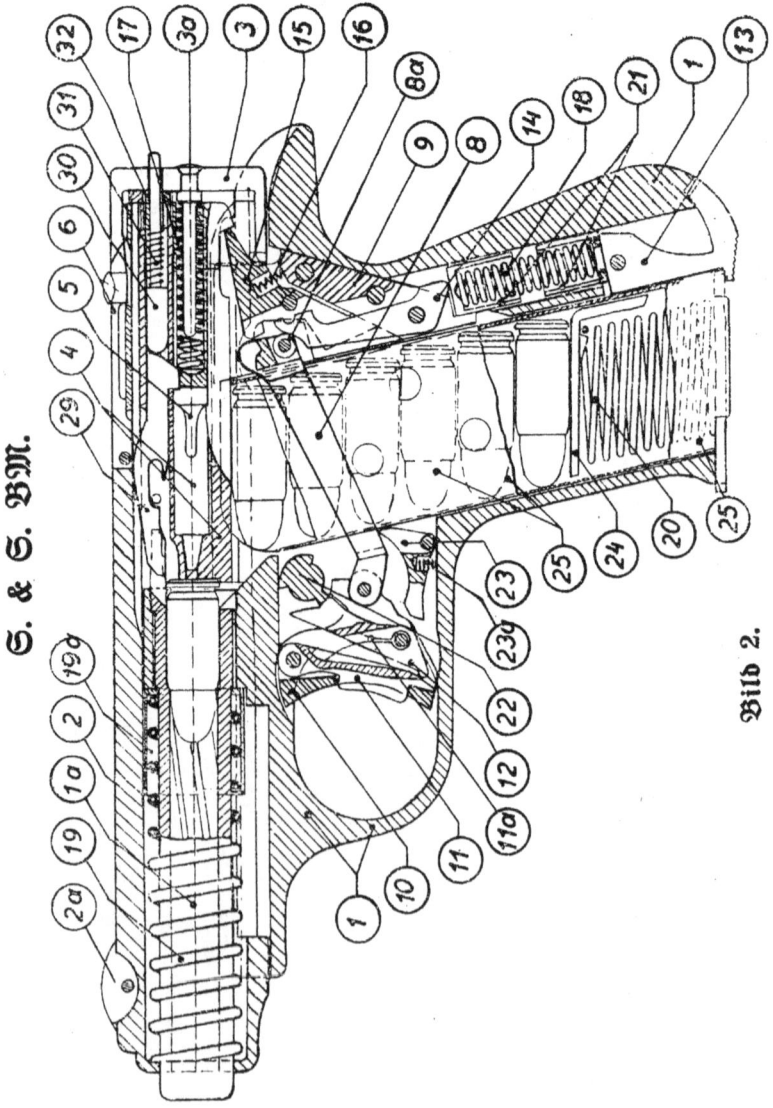

Bild 2.

Einzelteile zur S. & S. BM.
(soweit in Bild 2 sichtbar).

1 Pistolengehäuse mit Lauf (1a)
2 Verschlußhülse mit Korn (2a)
3 Verschlußmutter mit Schlagfederstift (3a)
4 Verschlußzylinder
5 Schlagbolzen
6 Visierhebel
8 Abdruckverbindungsstange
8a Stangengleitrolle
9 Führungsstöckchen
10 Abzug
11 Sicherungsauslösehebel
11a Spreizfeder für Sicherungsauslösehebel 11
12 Stützhebel
13 Magazinhaltehebel
14 Steuerhebel
15 Abzugsstollen
16 Abzugsstollenfeder
17 Schlagfeder
18 Feder für Steuerhebel und Magazinhaltehebel
19 Schließfeder
19a Schließfederhülse
20 Zubringerfeder
21 Zwei Federhülsen für Feder 18
22 Sicherungshebel mit Haltenase für die Verschlußhülse
22a Federbolzen
22b Sicherungsfeder
23 Magazinsicherungswinkel
23a Magazinsicherungswinkelfeder
24 Zubringerplatte
25 Magazin mit Magazinboden
29 Patronen-Anschlaghebel
30 Signalstift
31 Signalstift-Feder
32 Signalstift-Führungs-Mutter

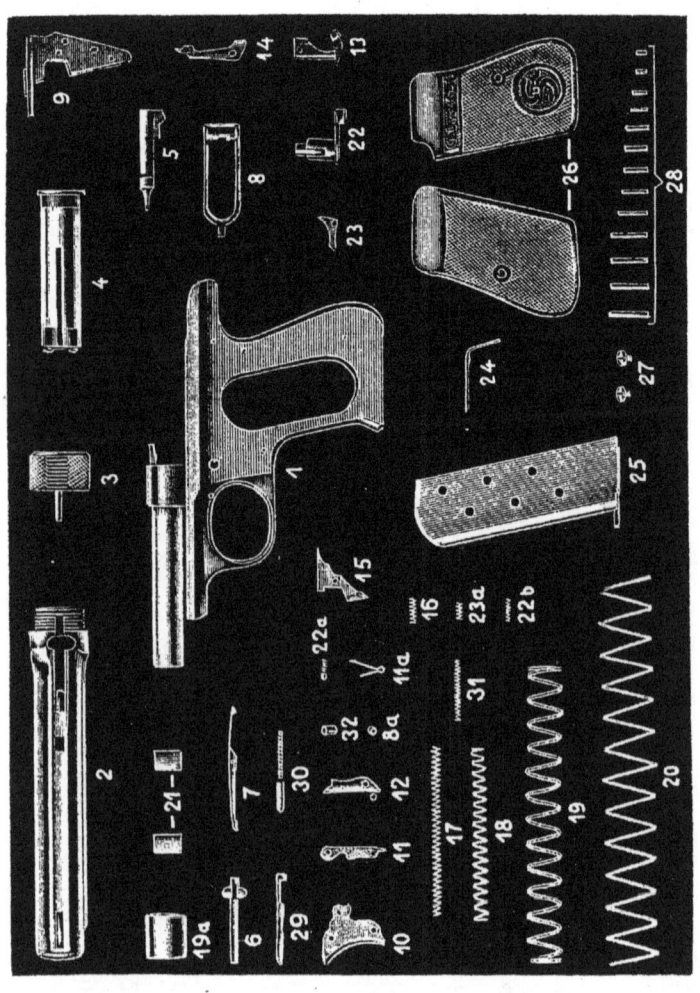

Bild 3.

Sämtl. Einzelteile zur S. & S. BM.

1 Pistolengehäuse mit Lauf
2 Verschlußhülse mit Korn
3 Verschlußmutter mit Schlagfederstift
4 Verschlußzylinder
5 Schlagbolzen
6 Visierhebel
7 Auszieher
8 Abdruckverbindungsstange
8a Stangenleitrolle
9 Führungsstöckchen
10 Abzug
11 Sicherungsauslösehebel
11a Spreizfeder für Sicherungsauslösehebel 11
12 Stützhebel
13 Magazinhaltehebel
14 Steuerhebel
15 Abzugstollen
16 Abzugstollenfeder
17 Schlagfeder
18 Feder für Steuerhebel und Magazinhaltehebel
19 Schließfeder
19a Schließfederhülse
20 Zubringerfeder
21 Zwei Federhülsen für Feder 18
22 Sicherungshebel mit Haltenase für die Verschlußhülse
22a Federbolzen
22b Sicherungsfeder
23 Magazinsicherungswinkel
23a Magazinsicherungswinkelfeder
24 Zubringerplatte
25 Magazin mit Magazinboden
26 Griffschalen
27 Schalenhalteschrauben
28 Dreizehn verschiedene Stifte
29 Patronen-Anschlaghebel
30 Signalstift
31 Signalstift-Feder
32 Signalstift-Führungs-Mutter

C. Walther=Polizeipistolen (W. PP. und W. PPK.).

Bild 1.

Vorbemerkung:

Die PPK. unterscheidet sich von der PP. nur durch kleinere Abmaße einzelner Teile, geringeres Gewicht und geringere ballistische Leistung. — Die PP. besitzt je 1 rechte und 1 linke Griffschale, während bei der PPK. beide Griffschalen zu einem Stück vereinigt sind. — Das Magazin der PPK. faßt 7, das der PP. 8 Patronen

Wichtige Zahlen und ballistische Angaben über beide Waffenarten siehe Ziff. 20 und 21.

(1) Die Hauptteile der Pistolen sind:

    Lauf,
    Verschluß,
    Visiereinrichtung,
    Griffstück,
    Abzugsvorrichtung,
    Sicherung,
    Mehrladeeinrichtung.

(2) Alle Teile sind aus Stahl gefertigt und zum Schutze gegen Rost gebräunt. Die Griffschalen sind aus Kunstharzstoff.

Lauf.

(3) Der Lauf besteht aus dem langen, gezogenen und dem kurzen, verstärkten Teil für das Patronenlager. In die Laufwände des langen Teils sind 6 Züge eingeschnitten, die sich nach rechts um die Seelenachse winden (Rechtsdrall) Auf dem Wege vom Patronenlager bis zur Laufmündung erhält das Geschoß dadurch eine Drehung um seine Längsachse. Zwischen den Zügen stehen die Felder; sie verlaufen vor dem Patronenlager bis zur Tiefe der Züge und erleichtern dadurch den Eintritt des Geschosses. Das Kaliber beträgt 7,65 mm. Der Lauf ist durch den am hinteren Ende befindlichen Bund, in Verbindung mit einem Haltestift, mit dem Griffstück fest verbunden.

Verschluß.

(4) Der Verschluß besteht aus folgenden Teilen:
Verschlußstück,
Schlagbolzen mit
Schlagbolzenfeder,
Signalstift mit
Signalstiftfeder,
Auszieher,
Auszieherfederbolzen mit Feder,
Sicherung,
Vorholfeder.

(5) Das **Verschlußstück** ist hinten durch Längsleisten und =Nuten und vorne durch die auf Laufstärke verringerte Bohrung mit dem Griffstück beweglich verbunden.

(6) Der **Schlagbolzen** mit **Schlagbolzenfeder, Signalstift** mit **Signalstiftfeder, Auszieher, Auszieherfederbolzen** mit Feder und die **Sicherung** sind im hinteren Teil des Verschlußstückes gelagert. Ein Zerlegen dieser Teile erfolgt **nur** für Instandsetzungszwecke.

(7) An der rechten Seite des Verschlußstückes befindet sich ein Durchbruch für den Auswurf der leeren Patronenhülsen.

Visiereinrichtung.

(8) Die Visiereinrichtung besteht aus **Korn** und **Visier**. Das Korn ist aus dem Verschlußstück herausgearbeitet. Das Visier ist im hinteren Teil des Verschlußstückes schwalbenschwanzartig eingeschoben.

Griffstück mit Griffschalen.

(Bei der Walther PPK. ist die Griffschale zu einem Stück vereinigt.)

(9) Das **Griffstück** dient zur Handhabung der Pistole und nimmt folgende Teile in sich auf:

Hahn, Hahnbolzen, Spannstück, Ausstoßer mit Feder, Hahnsperrstück, Hahnsperrstückfeder, Abzugsbügel, Abzug, Abzugsstange, Abzugsfeder, Abzugsstift, Entspannstück, Schlagstange, Schlagfedergegenlager, Griffschalen mit **Griffschalenschraube** und die **Mehrladeeinrichtung** (Magazin, Magazinhalter mit Feder).

Abzugsvorrichtung.

(10) Die **Abzugsvorrichtung** dient zum Abziehen der Pistole. Sie besteht aus:

Abzug, Abzugsstange, Abzugsfeder, Abzugsbügel und **Spannstück.**

Der Abzug wird durch die Abzugsfeder ständig nach vorne gedrückt. Der Abzugsbügel ist federnd im Griffstück gelagert. Er schützt den Abzug und dient gleichzeitig zur Verriegelung des Verschlußstückes mit dem Griffstück.

Sicherung.

(11) Die Sicherung besteht aus Sicherungshebel mit Kopf und Welle und dem Hahnsperrstück.

Mehrladeeinrichtung.

(12) Die Mehrladeeinrichtung besteht aus dem **Magazin** und dem **Magazinhalter mit Feder**.

(13) Das Magazin faßt 8 (bei **PPK.** 7) Patronen. Es besteht aus dem Gehäuse, dem Zubringer mit Zubringerfeder und dem Boden mit Bodenhalter.

(14) Der **Magazinhalter** hält durch den Druck der **Magazinhalterfeder** das Magazin in einem Durchbruch fest.

Zusammenwirken der Teile.
Schußfertigmachen bei entsicherter Pistole.

(15) Beim Schußfertigmachen bei entsicherter Pistole wird durch Zurückziehen des Verschlußstückes die um den Lauf gewundene Vorholfeder, die mit ihrem hinteren Ende am Griffstück, mit ihrem vorderen Ende vorne am Verschlußstück anliegt, gespannt. Sobald das Verschlußstück losgelassen wird, dehnt sich die Vorholfeder wieder aus und nimmt es mit nach vorne. Hierdurch wird eine Patrone aus dem Magazin in das Patronenlager eingeführt. Der mit dem Verschlußstück zurückgedrückte Hahn wird vom Spannstück festgehalten, so daß er der Vorwärtsbewegung des Verschlußstückes nicht folgen kann und gespannt bleibt. Der Hahn kann auch mit dem Daumen der rechten Hand durch Zurückziehen bis zur hintersten Begrenzung gespannt werden.

Schußfertigmachen in gesichertem Zustand.

(16) Das Schußfertigmachen in gesichertem Zustand geschieht in der gleichen Weise wie in entsichertem Zustand mit dem Unterschied, daß beim Vorgleiten des Verschlußstückes der Hahn nicht einrastet, sondern mit dem Verschlußstück vorschnellt. Der Hahn kann also in gesichertem Zustand nicht gespannt werden. Das Aufschlagen auf den Schlagbolzen beim Vorgleiten des Hahnes wird durch die Form der Sicherungswelle in der veränderten Lage verhindert.

In gesichertem Zustand drückt die Sicherungswelle auf das Entspannstück, dieses wiederum auf das Spannstück, welches dadurch soweit nach oben geschoben wird, daß der Hahn in die Rast des Spannstückes **nicht** einrasten kann.

Sichern und Entsichern.

(17) Beides kann mit einer Hand geschehen. Der Daumen der rechten Hand schiebt den gerippten Kopf des Sicherungshebels **vorwärts**, wodurch der rote Punkt frei wird. Letzterer zeigt dann an, daß die Waffe entsichert ist.

Die Pistole ist gesichert, wenn der rote Punkt von dem gerippten Kopf verdeckt wird.

Auseinandernehmen und Zusammensetzen.
Auseinandernehmen.

(18) Das Magazin und die im Lauf befindliche Patrone werden herausgenommen, Pistole in die rechte Hand, die linke zieht den Abzugsbügel nach unten, setzt ihn nach links und hält ihn mit dem Zeigefinger der Rechten fest. Dann wird das Verschlußstück nach hinten gezogen, etwas angehoben und gegen den Druck der Schließfeder nach vorn abgezogen.

Zusammensetzen.

(19) Das Zusammensetzen geschieht in umgekehrter Reihenfolge wie das Auseinandernehmen. Der Hahn muß hierzu gespannt sein. Die Vorholfeder wird mit ihrem eng gewundenen Teil zuerst über den Lauf geschoben, das Verschlußstück über Lauf und Schließfeder.

Sodann wird der Abzugsbügel nach unten gezogen und links gesetzt. Er bleibt in dieser Stellung, bis das Verschlußstück ganz nach hinten gezogen ist und in die Längsnuten des Griffstückes eintreten kann. Alsdann gleitet er in seine alte Lage zurück und verriegelt das Verschlußstück mit dem Griffstück.

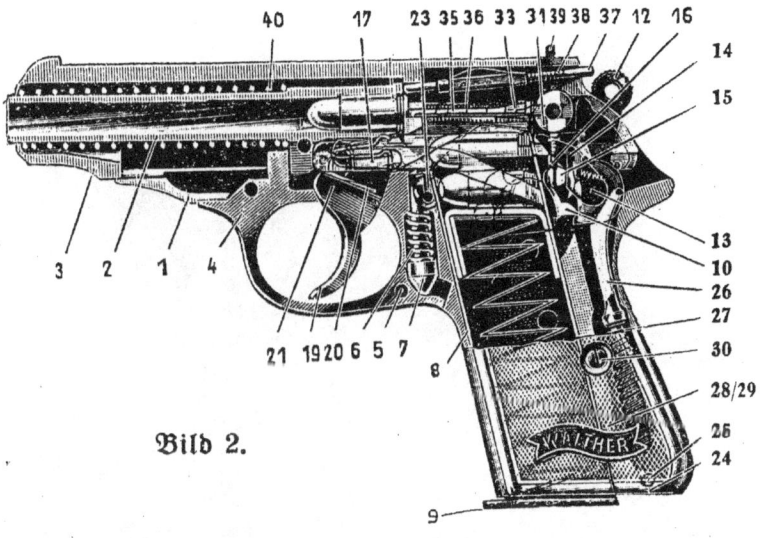

Bild 2.

Einzelteile zur W.PP. und PP.K.
(soweit in Bild 2 sichtbar).

1 Griffstück
2 Lauf
3 Verschlußstück
4 Abzugsbügel
5 Stift zum Abzugsbügel
6 Abzugsbügelfeder
7 Abzugsbügelfederbolzen
9 Magazin
10 Spannstück
11 Stifte zum Spannstück
12 Hahn
13 Hahnbolzen
14 Entspannstück
15 Sperrstück
16 Sperrstückfeder
17 Abzugsstange
19 Abzug
20 Abzugsfeder
21 Abzugsstift
23 Magazinhalter
24 Schlagfedergegenlager
26 Schlagstange
27 Schlagfeder
28 rechte Griffschale
29 linke Griffschale
30 Griffschalenschraube
31 Sicherungshebel
33 Auszieherfeder mit Bolzen
35 Schlagbolzen
36 Schlagbolzenfeder
39 Visier
40 Vorholfeder

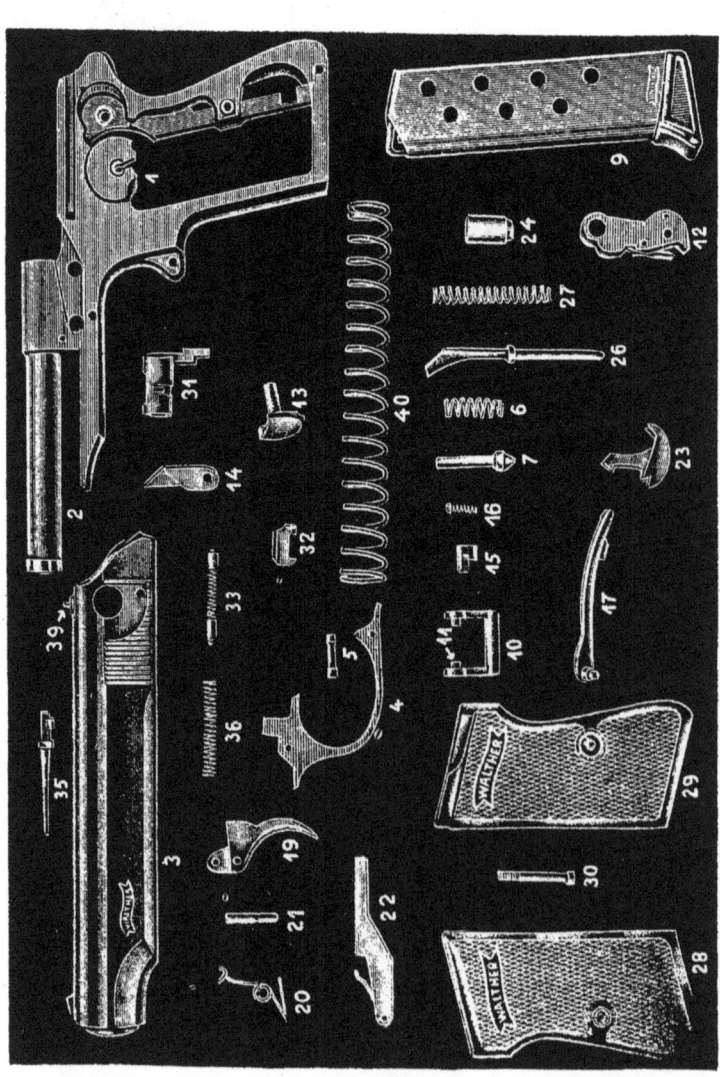

Bild 3.

Sämtl. Einzelteile zur W.PP. und PP.K.

1 Griffstück
2 Lauf
3 Verschlußstück
4 Abzugsbügel
5 Stift zum Abzugsbügel
6 Abzugsbügelfeder
7 Abzugsbügelfederbolzen
9 Magazin mit Verlängerungsstück
10 Spannstück
11 Stifte zum Spannstück
12 Hahn
13 Hahnbolzen
14 Entspannstück
15 Sperrstück
16 Sperrstückfeder
17 Abzugsstange
19 Abzug
20 Abzugsfeder
21 Abzugsstift
22 Ausstoßer mit Feder
23 Magazinhalter
24 Schlagfedergegenlager (W.PP.)
26 Schlagstange
27 Schlagfeder
28 rechte Griffschale
29 linke Griffschale
30 Griffschalenschraube
31 Sicherungshebel
32 Auszieher
33 Ausnieherfeder mit Bolzen
35 Schlagbolzen
36 Schlagbolzenfeder
39 Visier
40 Bo-holfeder

(20) Wichtige Zahlenangaben.

		PP.	PPK.
Kaliber	mm	7,65	7,65
Lauflänge	„	98	83
Zahl der Züge		6	6
Drall	mm	360	360
Länge der Pistole	„	170	150
Gewicht der entladenen Pistole	gr	650	530

(21) Ballistische Angaben.

		PP.	PPK.
Mündungsgeschwindigkeit	m/sec.	289	etwa 280
Streuung auf 15 m { Höhe	mm	50	60
{ Breite	„	40	50
„ „ 25 m { Höhe	„	90	100
{ Breite	„	70	80
„ „ 35 m { Höhe	„	110	135
{ Breite	„	90	120
Mündungsenergie	m/kg	20	etwa 18

(Pist. 08 vergleichsweise 41,7 m/kg).

D. Die Mauser=Pistole (M.).

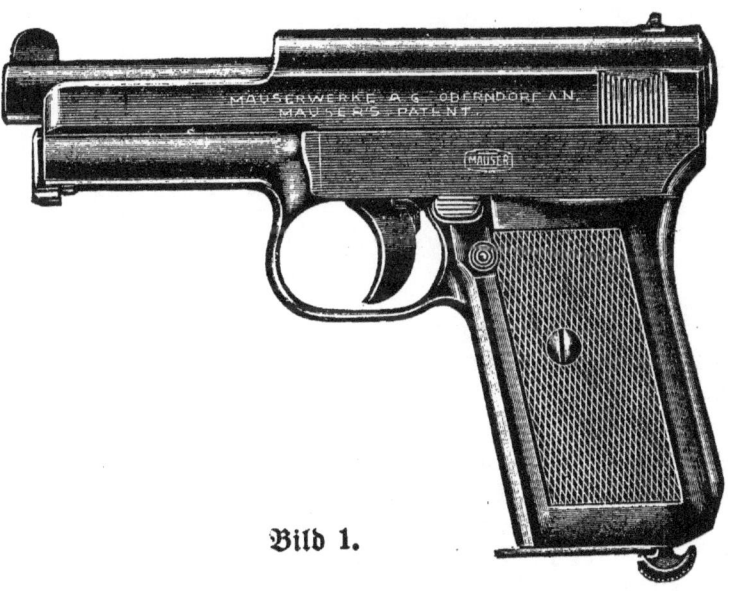

Bild 1.

(1) Die Hauptteile der Pistole sind:

    Lauf,
    Verschluß,
    Visiereinrichtung,
    Griffstück mit Griffschale,
    Abzugsvorrichtung,
    Sicherung,
    Mehrladeeinrichtung.

(2) Alle Teile sind aus Stahl gefertigt. Die der Witterung ausgesetzten Teile sind zum Schutze gegen Rost gebräunt. Die Griffschale ist aus Nußbaumholz.

Lauf.

(3) Der Lauf ist eine zylindrische Röhre. Außer dem Korn ist der vordere flache und der hintere runde Haltezapfen aus dem Laufmaterial herausgearbeitet. Beide Zapfen sind zur Aufnahme des Laufhalters durchbohrt.

Verschluß.

(4) Der Verschluß besteht aus:
Verschlußstück mit
Schlagbolzen und Schlagbolzenfeder,
Vorholfeder mit
Führungshülse,
Auszieher,
Laufhalter,
Laufhalterfeder.

(5) Die Verbindung des **Griffkastens** mit dem **Verschlußstück** wird vorne durch die Haltezapfen des Laufes mittels des Laufhalters und hinten durch Längsleisten und -Nuten hergestellt.

(6) Im hinteren Teil des **Verschlußstückes** ist der **Schlagbolzen** mit **Schlagbolzenfeder** gelagert. Der hintere Teil des Schlagbolzens ist als **Signalstift** ausgebildet. Die **Vorholfeder** und die **Schlagbolzenfeder** wirken der Rückwärtsbewegung des Verschlußstückes entgegen und schnellen das durch den Schuß zurückgetriebene Verschlußstück in die Feuerstellung zurück.

(7) Der **Auszieher** ist auf der rechten Seite des Verschlußstückes unmittelbar hinter dem **Durchbruch** für den Auswurf der leeren Patronenhülsen gelagert.

(8) Am vorderen Ende des Verschlußstückes befindet sich an der unteren Fläche eine aus dem Verschlußstück herausgearbeitete **Hülse** als Widerlager für das vordere Ende der **Vorholfeder.**

Die Führungshülse ist eine Röhre und dient zur Führung des Verschlußstückes und der Vorholfeder. Am hinteren Ende befindet sich ein Bund als Anschlag für die Vorholfeder.

(9) Der **Laufhalter** ist ein Stift mit flachem Kopf und angearbeitetem Krapfen als Rast für die Laufhalterfeder.

Visiereinrichtung.

(10) Die Visiereinrichtung besteht aus **Korn** und **Visier**. Das Korn ist aus dem Lauf herausgearbeitet. Das Visier ist im hinteren Teil des Verschlußstückes schwalbenschwanzartig eingeschoben.

Griffstück mit Griffschale.

(11) Das **Griffstück** dient zur Handhabung der Pistole und nimmt folgende Teile in sich auf:

Auswerfer, Magazinhalter, Sicherungssperrfeder, Sicherung, Abzug mit Abzugsklinke, Abzugsstollenhebel, Doppelfeder (für Abzugsstollenhebel und Sicherung), Auslöser, Deckplatte, Magazinhalter, Griffschale, Griffschalenschrauben und das Magazin.

Die Griffschale ist aus Nußbaumholz gefertigt.

Abzugsvorrichtung.

(12) Die **Abzugsvorrichtung** dient zum Abziehen der Pistole und besteht aus folgenden Teilen:

Abzug mit Abzugsfeder, Abzugsklinke mit Abzugsklinkenfeder und Abzugsklinkenstift und dem Abzugsstollenhebel.

Der Abzug wird durch die Abzugsfeder ständig in seiner vordersten Lage gehalten.

Sicherung.

(13) Die **Sicherung** besteht aus dem Sicherungshebel mit Kopf und der Sicherungssperrfeder mit Knopf.

Mehrladeeinrichtung.

(14) Die Mehrladeeinrichtung besteht aus dem **Magazin** und dem **Magazinhalter**. Letzterer ist als Feder ausgebildet und bestätigt mit seinem oberen Ende gleichzeitig den Aus-

werfer. Der am unteren Ende befindliche Kopf hält das eingeführte Magazin am Magazinboden in seiner Lage.

Das Magazin faßt 8 Patronen. Es besteht aus dem **Gehäuse, dem Zubringer und der Zubringerfeder.** Der Zubringer greift bei leerem Magazin unmittelbar in den Mehrlademechanismus der Pistole ein. Er verhindert nach dem Verfeuern der letzten Patrone das Vorgleiten des Verschlußstückes und wirkt ferner beim Zerlegen der Pistole mit.

Vorgang bei und nach dem Schuß.

(15) Durch den Druck der Pulvergase wird das Verschlußstück mit Schlagbolzen zurückgeworfen. Bei der Rückwärtsbewegung schleudert der Auswerfer die durch den Auszieher zurückgezogene Patronenhülse durch den Durchbruch heraus, der Schlagbolzen gleitet unter gleichzeitigem Zusammendrücken der Schlagbolzenfeder über die nach vorn abgeschrägte Fläche des Abzugsstollenhebels hinweg, während die um die Führungshülse gelagerte Vorholfeder, die mit einem Ende am Griffkasten, mit dem anderen an der Hülse (Ansatz) des zurückgehenden Verschlußstückes liegt, zusammengepreßt wird. Nachdem die Kraft des Rückstoßes verbraucht ist, wird durch das Ausdehnen der Vorholfeder und der Schlagbolzenfeder das Verschlußstück wieder nach vorn geschoben. Hierbei stößt die Nase des Schlagbolzens gegen die nach hinten abgesetzte Kante des Abzugsstollenhebels. Da der Schlagbolzen der Vorwärtsbewegung des Verschlußstückes nicht mehr folgen kann, bleibt die Schlagbolzenfeder gespannt. Die durch den Zubringer in die Gleitbahn gedrückte oberste Patrone wird vom Stoßboden erfaßt und in das Patronenlager geführt.

Durch Druck auf den Abzug wird das hintere Ende des Abzugsstollens nach unten gezogen und dadurch der Schlagbolzen freigegeben. Die Schlagbolzenfeder treibt den Schlagbolzen nach vorn und die Patrone wird entzündet. Dieser Vorgang wiederholt sich solange, bis die letzte Patrone aus dem Magazin verfeuert ist.

Ist die letzte Patrone verfeuert, so verhindert der hervortretende Zubringer das Vorgleiten des Verschlußstückes. Die offene Stellung zeigt an, daß sich keine Patrone mehr im Magazin oder im Lauf befindet.

Wird das leere Magazin entfernt, so dreht sich der Auswerfer mit seinem Arm in eine Aussparung des Verschlußstückes ein und hält es in der rückwärtigen Stellung fest.

Durch Einführen des gefüllten Magazins wird der Auswerfer in seine alte Stellung zurückgedrückt. Der Stoßboden des Schlagbolzenlagers faßt die oberste Patrone, die durch den Druck der sich ausdehnenden Vorholfeder, beim Vorschnellen des Verschlußstückes, in den Lauf eingeführt wird. Die Pistole ist wieder schußfertig.

Sichern und Entsichern.

(16) Zum **Sichern** drückt der Daumen der rechten Hand den gerippten Kopf der Sicherung von oben soweit nach unten, bis die Sicherungssperrfeder hörbar einrastet. Es kann sowohl in geladenem wie in ungeladenem, wie auch in gespanntem oder ungespanntem Zustand gesichert werden.

(17) Das **Entsichern** erfolgt durch Druck auf den unter dem Kopf der Sicherung liegenden Knopf der Sicherungssperrfeder. Das Ausrasten ist ebenfalls deutlich hörbar.

Auseinandernehmen und Zusammensetzen.
Auseinandernehmen.

(18) **Das Magazin und die im Lauf befindliche Patrone herausnehmen und das Verschlußstück in seine hinterste Lage zurückziehen.** Mit dem Daumen der rechten oder linken Hand die Laufhaltefeder eindrücken, den Laufhalter 90° nach rechts oder links drehen und herausziehen. Der Lauf kann jetzt aus seiner Lage nach oben herausgehoben werden. Zum Reinigen ist im allgemeinen ein weiteres Zerlegen nicht erforderlich.

Um die Gleitbahn und den Schlagbolzen zu reinigen und zu ölen ist ein weiteres Zerlegen nötig. Hierzu wird das Magazin wieder eingeführt, wodurch das Verschlußstück zum

Vorgleiten kommt, bis es sich mit dem Griffstück vergleicht; dann wird durch Zurückziehen des Abzuges die Pistole entspannt und das Verschlußstück in seine vorderste Lage geschoben. Nach dem Entfernen des Magazins kann jetzt das Verschlußstück nach vorn abgezogen und Schlagbolzen mit Feder entnommen werden.

Zusammensetzen.

(19) Das Zusammensetzen geschieht in umgekehrter Reihenfolge. Den Schlagbolzen mit Schlagbolzenfeder in das Verschlußstück und die Führungshülse (Bund nach **hinten**) mit Vorholfeder in ihr Lager im Griffstück einlegen. Das Verschlußstück aufschieben und in seine hinterste Lage zurückziehen. Hierbei ist darauf zu achten, daß sich die Vorholfeder in die Hülse des Verschlußstückes einführt, was am besten durch Schräghalten der Pistole erreicht wird. Jetzt wird der Lauf in sein Lager eingelegt, der Laufhalter eingeführt und entsprechend gedreht, damit die Laufhalterfeder einrasten kann.

(20) **Wichtige Zahlenangaben.**

Kaliber 7,65 mm,
Lauflänge 87 mm,
Zahl der Züge 6,
Drall 200 mm,
Länge der Pistole rd. 153 mm,
Gewicht der entladenen Pistole 600 g.

(21) **Ballistische Angaben.**

Mündungsgeschwindigkeit 290 m/sec,
Streuung auf 10 m: Höhe 35 mm, Breite 35 mm,
Streuung auf 25 m: Höhe 100 mm, Breite 70 mm,
Streuung auf 50 m: Höhe 160 mm, Breite 120 mm,
Mündungsenergie etwa 20 mkg (bei Pistole 08 vergleichsweise 41,7 mkg),

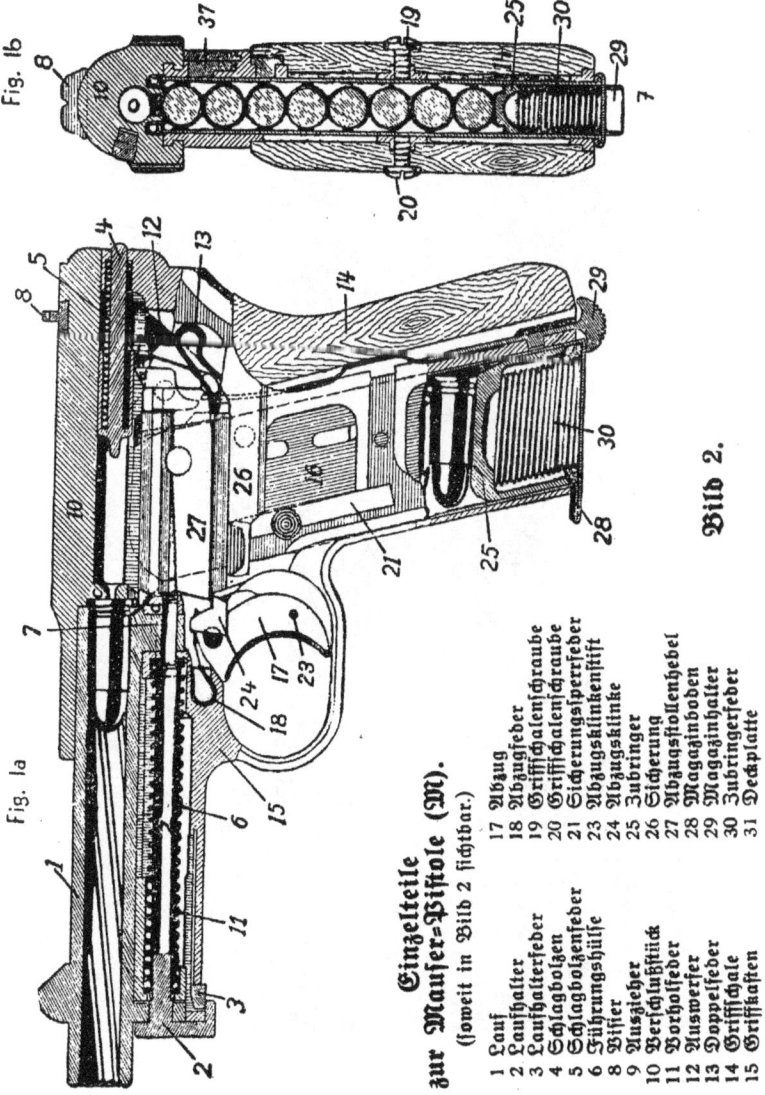

Einzelteile zur Mauser-Pistole (M).
(soweit in Bild 2 sichtbar.)

1 Lauf
2 Laufhalter
3 Laufhalterfeder
4 Schlagbolzen
5 Schlagbolzenfeder
6 Führungshülse
8 Visier
9 Auszieher
10 Verschlußstück
11 Vorholfeder
12 Auswerfer
13 Doppelfeder
14 Griffschale
15 Griffschalen
17 Abzug
18 Abzugfeder
19 Griffschalenschraube
20 Griffschalenschraube
21 Sicherungssperrfeder
23 Abzugsklinkenstift
24 Abzugsklinke
25 Zubringer
26 Sicherung
27 Abzugsstollenhebel
28 Magazinboden
29 Magazinhalter
30 Zubringerfeder
31 Deckplatte

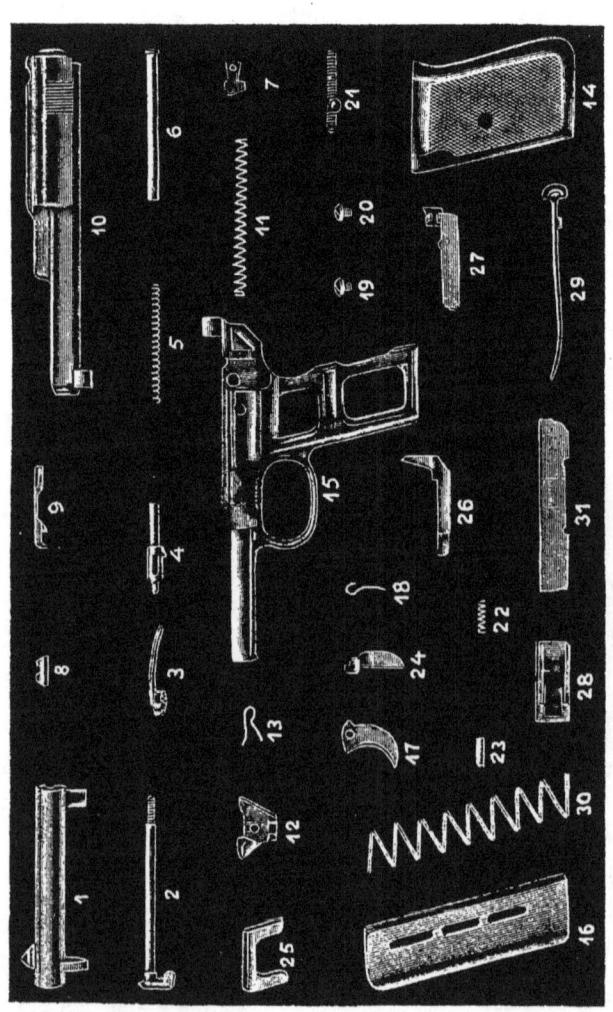

Bild 3.

Einzelteile zur Mauser-Pistole (M).

1 Lauf
2 Laufhalter
3 Laufhalterfeder
4 Schlagbolzen
5 Schlagbolzenfeder
6 Führungshülse
7 Auslöser
8 Visier
9 Auszieher
10 Verschlußstück
11 Vorholfeder
12 Auswerfer
13 Doppelfeder
14 Griffschale
15 Griffkasten
16 Magazingehäuse

17 Abzug
18 Abzugfeder
19 Griffschalenschraube
20 Griffschalenschraube
21 Sicherungssperrfeder
22 Abzugsklinkenfeder
23 Abzugsklinkenstift
24 Abzugsklinke
25 Zubringer
26 Sicherung
27 Abzugsstollenhebel
28 Magazinboden
29 Magazinhalter
30 Zubringerfeder
31 Deckplatte

E. Die Dreyse-Pistole (Dr.).

Bild 1.

Kurze Anleitung zum Zerlegen und Zusammensetzen der Pistole.

(15   Zerlegen der Pistole.

Zur Reinigung ist nur ein teilweises Zerlegen der Waffe erforderlich. Man entfernt das Magazin und überzeugt sich durch Zurückziehen des Verschlusses, daß sich **keine Patrone im Lauf** befindet, drückt das gespannte Schloß ab und kippt die Verschlußhülse auf, indem man den Riegel am hinteren Ende der Verschlußhülse rechts zur Seite schiebt. Hierauf stützt man die Pistole auf einen Tisch oder dergl. (siehe Bild 2), erfaßt mit Daumen und Mittelfinger das Verschlußstück an den gerauhten Griffflächen und drückt mit dem hervorstehenden Magazinboden die Federkapsel so weit zurück, als es der Ausschnitt vorn in der Verschlußhülse gestattet. Jetzt rückt man das Verschlußstück unter Zuhilfe-

Bild 2.

nahme des auf der Laufmündung ruhenden Zeigefingers von der Verschlußhülse ab, daß der T=Stollen der Feder= kapsel frei wird.

Durch allmähliches Nachlassen des Zeigefingerdruckes steigt nun die Kapsel mit der Feder heraus. Das Ver= schlußstück wird zurückgeschoben, aufgerichtet und aus der Verschlußhülse herausgezogen. —

Es ist bei Herausnahme der Schließfeder darauf zu achten, daß die Federkapsel nicht durch den Federdruck fortgeschleudert wird und verloren geht. Da ein Herausfliegen der Kapsel vorkommen kann, soll man beim Zerlegen der Waffe sich nicht über diese beugen.

Soll das Schloß zerlegt werden, hebt man den Auszieher ab und entfernt durch ¼=Drehung den Verschlußkopf, worauf die Schloßteile herausgenommen werden können.

(2) Ein weiteres Zerlegen darf nur durch den Waffenmeister erfolgen. —

(3) **Zusammensetzen der Pistole**
geschieht in umgekehrter Reihenfolge.

(4) **Einzelteile der Pistole**
(siehe Bild 3 und 4).

1	Verschlußhülse	20	Abzugsstange
2	Gehäuse	20a	Stangenhebel
3	Gelenkschraube	21	Abzugsstollen
4	Riegel	22	Stollenfeder
5	Riegelfeder	23	Sicherung
6	Lauf	24	Sicherungsfeder
7	Auswerfer	25	Seitenplatte des Gehäuses
8	Auswerferschraube	26	Kopfschraube zur Seitenplatte
9	Verschlußstück	27 } Griffschalen	
10	Bodenschraube	28 }	
11	Verschlußkopf	29 } Griffschalen=Schrauben	
12	Schlagbolzen	30 }	
13	Schlagfeder	31	Magazin
14	Signalstift	32	Zubringer
15	Auszieher	33	Zubringerfeder
16	Federkapsel	34	Magazinhalter
17	Schließfeder	35	Feder } zum Magazinhalter
18	Abzug	36	Stift }
19	Abzugsfeder		

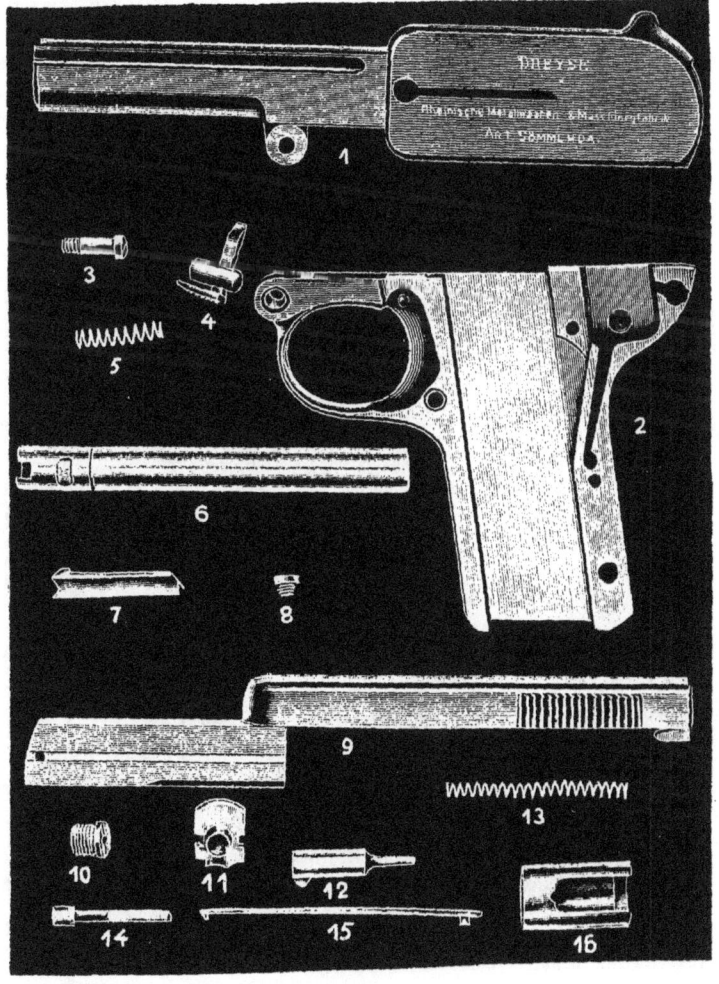

Bild 3.

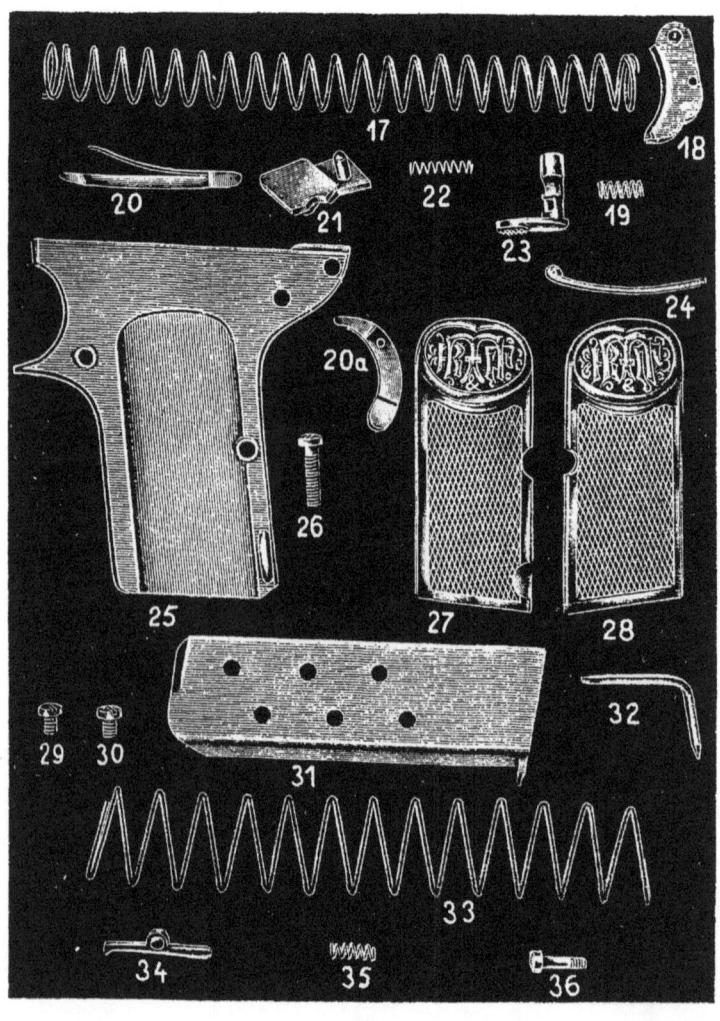

Bild 4.

(5) ## Zusammenwirken der Verschluß- und Schloßteile beim Schuß.

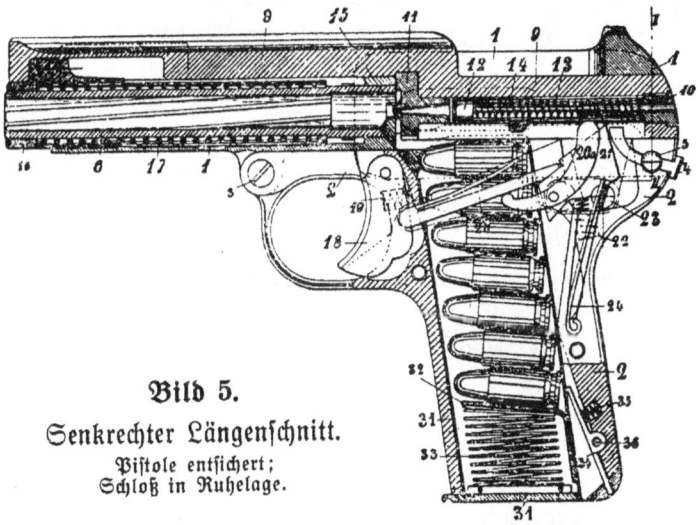

Bild 5.
Senkrechter Längenschnitt.
Pistole entsichert;
Schloß in Ruhelage.

Verschlußhülse (1) und Verschlußstück (3) sind senkrecht durchschnitten. Das Gehäuse (2) ist teilweise aufgeschnitten, die Seitenplatte (25) abgenommen und die Sicherung (23) in Höhe der Rasten für die Sicherungsfeder (24) abgeschnitten.

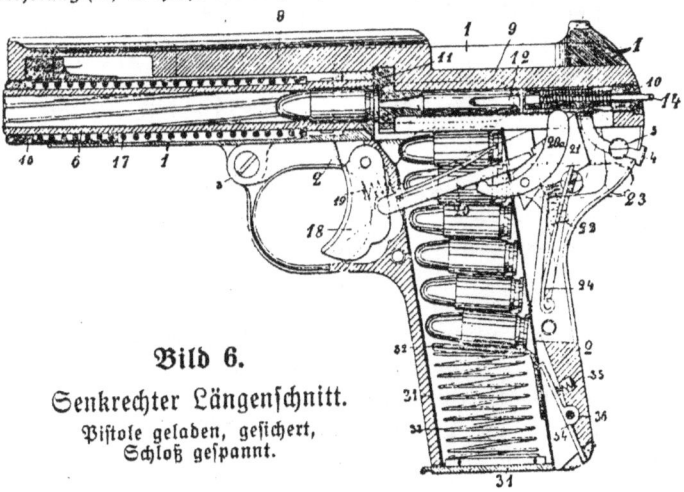

Bild 6.
Senkrechter Längenschnitt.
Pistole geladen, gesichert,
Schloß gespannt.

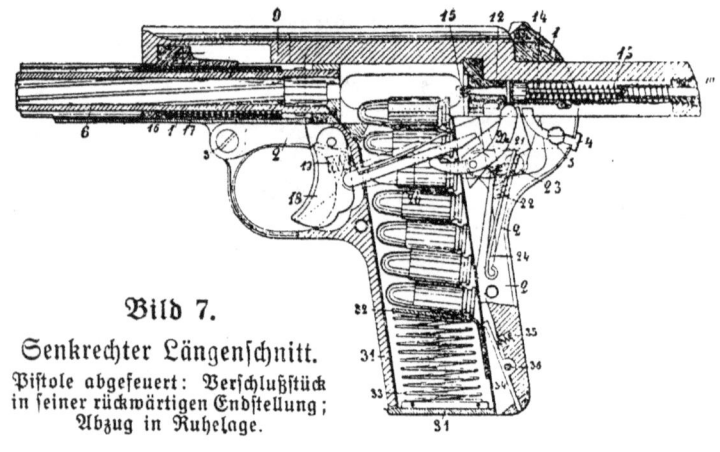

Bild 7.
Senkrechter Längenschnitt.
Pistole abgefeuert: Verschlußstück
in seiner rückwärtigen Endstellung;
Abzug in Ruhelage.

(5) Wichtige Zahlenangaben.

Länge der Pistole 160 mm,
Länge des Laufs 93 mm,
Länge des gezogenen Teils 78 mm,
Länge der Visierlinie 143 mm,
Höhe der Pistole 116 mm,
Breite der Pistole 20 mm,
Zahl der Züge 4,
Gewicht der Pistole mit leerem Magazin 650 g,
Gewicht der Pistole mit gefülltem Magazin 704 g.

(6) Ballistische Angaben.

Mündungsgeschwindigkeit 290 m/sec,
Mündungsenergie 20,6 mkg,
Höhenstreuung auf 25 m = 70 mm,
Höhenstreuung auf 50 m = 160 mm,
Höhenstreuung auf 75 m = 340 mm,
Breitenstreuung auf 25 m = 55 mm,
Breitenstreuung auf 50 m = 100 mm,
Breitenstreuung auf 75 m = 170 mm.

F. Pflege und Aufbewahrung.

(1) Jeder Pol.-Beamte, dem eine Pistole 7,65 mm zugeteilt ist, ist verpflichtet, die Vorschriften über die Behandlung der Pistole peinlich zu befolgen. Er muß wissen, daß die Leistungsfähigkeit der Pistole von ihrer Beschaffenheit und Behandlung abhängt.

(2) Die Pistole ist vor Beschädigungen, Verrostungen und Verschmutzungen, das Laufinnere außerdem vor Erweiterungen sorgfältig zu bewahren.

Beschädigungen, Verrostungen und Verschmutzungen der Pistolenteile oder des Magazins beeinträchtigen das sichere Zusammenwirken der Teile, können Hemmungen und Versager hervorrufen und die Pistole unbrauchbar machen.

Beschädigungen und Erweiterungen des Laufinnern und Beschädigungen der Visiereinrichtung wirken nachteilig auf die Schußleistung.

(3) In den Unterkünften sind die Pistolen stets entladen und entspannt, aus der Pistolentasche genommen in verschließbaren Schränken aufzubewahren.

(4) Die Mündung darf niemals durch Fett, Pfropfen, Lappen und dergl. verstopft werden.

(5) Wenn Fremdkörper in den Lauf oder in den Verschluß gelangt sind, darf nicht geschossen werden, bevor der Lauf und Verschluß nicht gründlich gereinigt sind.

(6) Naß gewordene Pistolentaschen sind nach Herausnahme der Pistole und des Reservemagazins zu trocknen.

Reinigung.

(7) Die Pistole muß grundsätzlich sofort nach jedem Gebrauch gereinigt werden. Vor allen Dingen muß aber das Laufinnere nach jedem Schießen sobald als möglich vorläufig geölt werden.

(8) Zum Reinigen dürfen nur die vorgeschriebenen Reinigungsstoffe verwendet werden.

(9) Polieren und Blankmachen der Teile, sowie das Beseitigen der Rostnarben und Rostgruben ist verboten.

(10) Da die beschossenen Läufe der Pistolen nach der ersten Reinigung stets nachschlagen, sind sie nach jedem Schießen an den auf die Reinigung folgenden Tagen nachzureinigen.

(11) Das Reinigen des Laufes, soweit sich dieser (z. B. bei der Mauser=Pistole) herausnehmen läßt, vom Patronenlager, bei Pistolen mit fest eingebautem Lauf von der Mündung aus. Es sind Drähte des Reinigungsdochtes in der erforderlichen Anzahl und Reinigungsöl zu verwenden.

G. Zubehör.

Zu jeder Pistole gehören:

1 Reservemagazin,
1 Wischstock,
1 Tasche,
3 Exerzierpatronen.

Die Tasche (aus Leder) nimmt die Pistole und das Reservemagazin auf.

H. Die Munition 7,65 mm.

(1) Die scharfe Patrone.

Teile:

**Hülse,
Zündhütchen,
Pulverladung,
Geschoß.**

Die Hülse ist aus Messing und hat hinten eine Eindrehung für die Kralle des Ausziehers. Die Mitte des Bodens bildet die Zündglocke mit dem Amboß für das Zündhütchen. Die Zündglocke hat zwei Zündöffnungen, durch die der Zündstrahl in das Innere der Hülse dringt.

Das Zündhütchen ist aus Messing und enthält den Zündsatz.

Die Pulverladung besteht aus Blättchenpulver.

Das Geschoß hat eine abgerundete Spitze; es besteht aus dem nickelkupferplattierten Stahlmantel und dem Hartbleikern.

 Patronenlänge 25 mm,
 Geschoßlänge 11,8 mm,
 Patronengewicht 7,7 g,
 Geschoßgewicht 4,8 g.
 Pulverladung 0,2 g.

(2)   **Die Exerzierpatrone.**

Teile:
 Hülse,
 Geschoßmantel,
 Zündhütchen.

Die Patrone ist äußerlich vernickelt.
Der Geschoßmantel ist in die Hülse eingelötet.
Das Zündhütchen hat keinen Zündsatz.

J. Die Pistole Sauer & Sohn, Modell 38 (S. & S. M. 38).

Bild 1.

(1) Abschnitt A gilt sinngemäß auch für die Pistolen S. u. S. M. 38.

Die Pistole S. u. S. M. 38 weist jedoch gegenüber den Pistolen älteren Musters folgende Verbesserungen auf:

a) Der Abzug ist als Spannabzug ausgebildet. Dadurch ist es möglich, die Waffe geladen und entspannt, aber dennoch in stets schußbereitem Zustand mitzuführen.
An der Stellung des Abzugs ist im Gegensatz zur S. u. S. BM. zu erkennen, ob die Pistole entspannt oder gespannt ist.
Der Abzug steht bei entspanntem Zustand der Waffe ungefähr in der Mitte des Abzugsbügels, während er bei gespannter Waffe nahe der hinteren Rundung des Abzugsbügels liegt.

b) An der linken Seite der Waffe ist ein Spannhebel angebracht, der sich mit dem Daumen der rechten Hand (Schießhand) betätigen läßt. Er ermöglicht dem Schützen gutgezielte Schüsse auf weitere Entfernungen mit einem weichen Abzug (Spannabzug ausgeschaltet) abgeben zu können. Hierzu wird der Spannhebel bis zu seiner Begrenzung nach unten gedrückt. Wird der Hebel ein zweites Mal nach unten gedrückt, so ist die Pistole zwar wieder entspannt, aber durch den Spannabzug auch immer noch schußbereit.

Anstelle des Haltehebels am Abzug zum Zerlegen der Pistole tritt der im Abzugsbügel gelagerte Anschlagschieber.

Als neue Teile treten hinzu: Der Innenhahn mit Hahnwelle, Federdruckstange, Hahnstange, Steuerschieber, Steuerschieberfeder, Schlagfeder, Hahnstangenfeder, der seitlich liegende Spannhebel, die Entspannklinke und die Doppelfeder.

Der Magazinhalter ist nicht wie bisher am unteren Ende des Griffstückes, sondern an der linken Seite desselben angebracht.

Die Verschlußmutter mit Schlagfederstift fällt fort.

(2) **Sichern und Entsichern.**

Der Daumen der rechten Hand drückt beim Sichern den Sicherungshebel an dem gerillten Knopf von unten nach **oben,** bis der am Verschlußstück befindliche rote Punkt verdeckt wird. Beim Entsichern wird der Sicherungshebel bis zu seinem Anschlag nach **unten** gedrückt. Der rote Punkt ist jetzt sichtbar.

(3) **Auseinandernehmen und Zusammensetzen.**

Auseinandernehmen.

Man nimmt die Pistole in die rechte Hand, Laufmündung nach links abwärts zeigend und drückt mit dem Daumen der rechten Hand auf den Magazinhalter. Die linke Hand nimmt das Magazin aus dem Griffstück. Hierauf zieht die linke Hand den Anschlagschieber bis zu seiner Begrenzung in den

Abzugsbügelraum. Die linke Hand erfaßt sodann das Verschlußstück, zieht es bis zum Anschlag zurück, hebt es mit seinem hinteren Ende nach oben ab und läßt es gegen den Druck der Schließfeder nach vorne vom Griffstück abgleiten. Zuletzt wird die Schließfeder vom Lauf gezogen.

Zusammensetzen.

Das Zusammensetzen geschieht in umgekehrter Reihenfolge wie das Auseinandernehmen.

Die Schließfeder wird mit ihrem engeren Teil zuerst über den Lauf geschoben. Während die rechte Hand die Pistole am Griffstück hält, zieht die linke Hand das Verschlußstück von vorne nach hinten über den Lauf, bis es auf dem Griffstück richtig aufsitzt und wieder nach vorne gleiten kann. Nun wird der Anschlagschieber mit dem Daumen und Zeigefinger der linken Hand in sein Lager gedrückt und die Pistole ist wieder gebrauchsfertig.

Wichtige Zahlenangaben.

Kaliber 7,65 mm,
Lauflänge 86 mm,
Zahl der Züge 6,
Drall 22 cm,
Länge der Pistole 160 mm,
Gewicht der entladenen Waffe 725 g.

Ballistische Angaben.

Mündungsgeschwindigkeit 300 m/sec,
Gasdruck 1800 kg/cm^2,
Mündungsenergie 21,6.

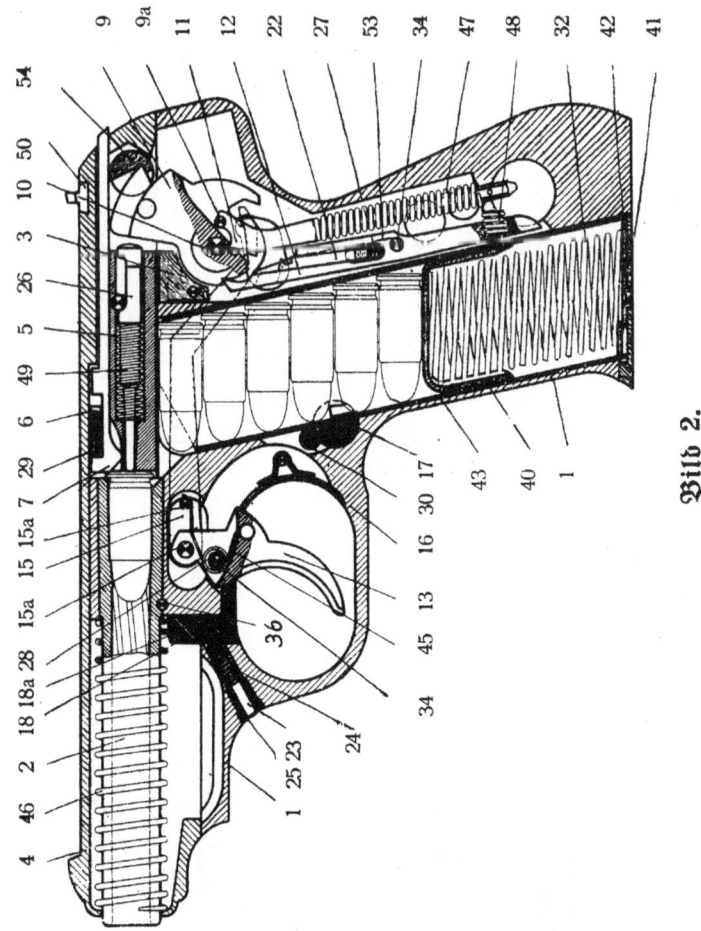

Bild 2.

Einzelteile zur S. & S. M/38.
(Soweit im Bild 2 sichtbar.)

1 Griffstück
2 Lauf
3 Auswerferstößchen
4 Verschlußstück
5 Verschlußzylinder
6 Federwiderlage für Signalstift
7 Signalstift
9 Hahn mit Stift 9a
10 Hahnwelle
11 Federdruckstange
12 Hahnstange
13 Abzug
15 Abzug-Verbindungsstange mit Stift 15a
16 Füllstück zum Abzugsraum
17 Magazinhalter
18 Anschlagschieber mit Stift 18a
22 Steuerschieber
23 Sperrbolzen für Anschlagschieber
24 Sperrbolzenfeder
25 Sperrbolzenmutter
26 Schlagbolzen
27 Steuerschieberfeder
28 Scharnierhülse im Abzug
29 Feder für Signalstift
30 Magazinhalterschraube
32 Zubringerfeder
34 Achsen und Stifte
40 Magazinrohr
41 Magazinboden
42 Magazinbodenhalter
43 Zubringer
45 Feder für Abzugsverbindungsstange und Abzug
46 Schließfeder
47 Schlagfeder
48 Hahnstangenfeder
49 Schlagbolzen-Rückdruckfeder
50 Visier
53 Halter für Steuerschieberfeder
54 Hahnsicherung

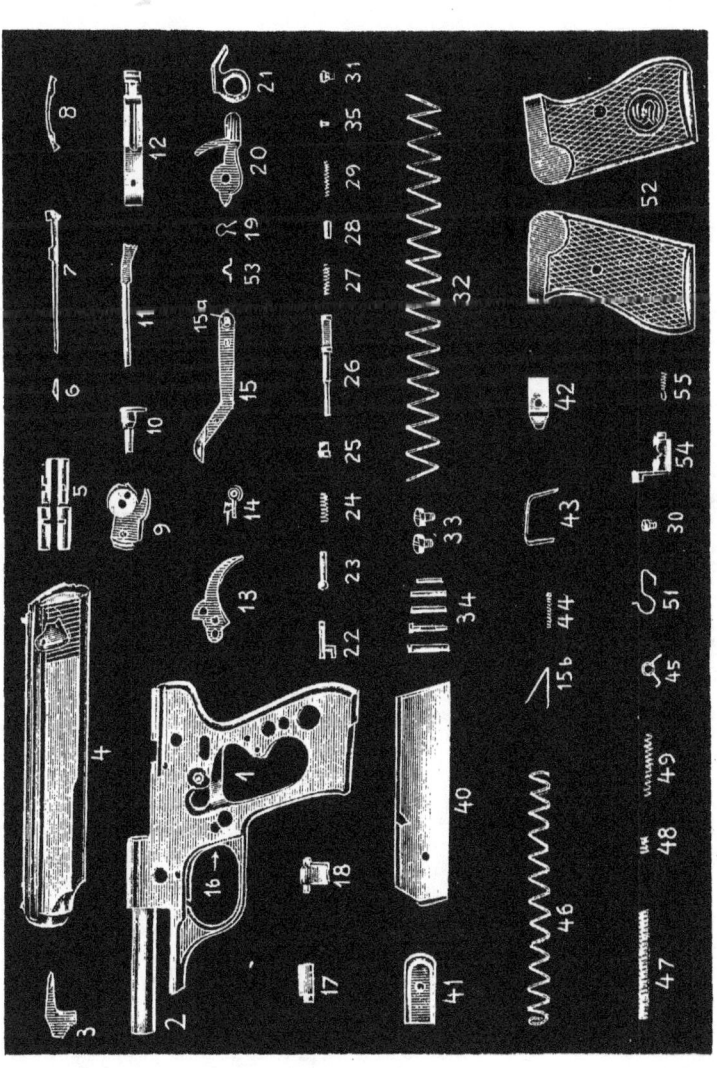

Bild 3.

Sämtliche Einzelteile zur G. & G. M/38.

1 Griffstück
2 Lauf
3 Auswerferstößchen
4 Verschlußstück
5 Verschlußzylinder
6 Federwiderlage für Signalstift
7 Signalstift
8 Auszieher
9 Hahn mit Stift 9a
10 Hahnwelle
11 Federdruckstange
12 Hahnstange
13 Abzug
14 Magazin-Sicherungshebel
15a Stift
15b Abzugstangenfeder
16 Füllstück im Abzugsraum
17 Magazinhalter
18 Anschlagschieber mit Stift 18a
19 Magazin-Sicherungsfeder
20 Spannhebel
21 Entspannlinse
22 Steuerschieber
23 Sperrbolzen für Anschlagschieber
24 Sperrbolzenfeder
25 Sperrbolzenmutter
26 Schlagbolzen
27 Steuerschieberfeder
28 Scharnierhülse im Abzug
29 Feder für Signalstift
30 Magazinhalterschraube
31 Achsschraube für Spannhebel mit Springring
32 Zubringerfeder
33 Griffschalenschrauben
34 Müsen und Stifte
35 Halteniet für Magazinsicherung
40 Magazinrohr
41 Magazinboden
42 Magazinbodenhalter
43 Zubringer
44 Magazinhaltefeder
45 Feder für Abzugsverbindungsstange und Abzug
46 Schließfeder
47 Schlagfeder
48 Hahnstangenfeder
49 Schlagbolzen-Rückdruckfeder
50 Visier
51 Doppelfeder
52 Griffschalen
53 Halter für Steuerschieberfeder
54 Hahnsicherung
55 Druckbolzen mit Feder zum Sicherungshebel

www.ingramcontent.com/pod-product-compliance
Lightning Source LLC
Chambersburg PA
CBHW051715040426
42446CB00008B/904